Aus der Tiefe rufe ich, Herr, zu dir.

D1671222

Persönliches:

Aus der Tiefe
rufe ich, Herr, zu dir:
Herr,
höre meine Stimme!

Vom christlichen Sterben

„Mitten im Leben sind wir vom Tod umfangen", heißt es in einem alten Kirchenlied. Es will sagen: Der Tod ragt in unser Leben herein, er bestimmt unser ganzes Leben, er hat seinen festen Platz in unserem Leben. Dem Tod begegnen wir Tag für Tag. Er hat viele Gesichter, kennt viele Namen.

Der Tod stellt viele Fragen

So sicher wir wissen, daß wir alle einmal sterben werden, so unsicher, ja rat- und hilflos macht uns jedes Sterben, jeder Tod, den wir erleben. Ein Mensch, den wir lieben, ist von uns gegangen. Da drängen sich Fragen auf, Fragen nach dem Tod, Fragen nach dem Leben:

- Wie konnte Gott das zulassen?
- Warum mußte gerade er/sie sterben?
- Wie geht es jetzt weiter mit uns?
- Gibt es ein Leben nach dem Tod?
- Wo sind die Toten?
- Wo finden wir Trost?

Der Tod wirft Fragen auf, Fragen ganz persönlicher Art, denen wir uns angesichts des Todes eines geliebten Menschen nicht entziehen können. Wir ahnen, ja wir spüren, daß der Tod nicht das letzte Wort im Leben dieses Menschen sein kann. Schließlich wird doch nicht alles vergebens gewesen sein: all unsere Liebe, all unsere Freude, all unsere Mühen, alles Gute und Schöne, alles Leid und Schwere, all unsere Hoffnungen und Sorgen. All das will weiterleben – nicht nur in der Erinnerung. „Unsere Toten gehören zu den Unsichtbaren, aber nicht zu den Abwesenden" (Papst Johannes XXIII.).

Was dürfen wir erhoffen?

Fragen nach dem Tod sind immer auch Fragen nach dem Leben. Sie sind Anfragen an das eigene Verständnis von Leben und Tod, von Hoffnung und Leid, von Trauer und Trost. Wie jemand zum Leben steht, nicht anders steht er zum Tod. Wer im Leben auf Jesus Christus gehofft und an ihn geglaubt hat, der vertraut darauf, daß sich dieser Glaube und diese Hoffnung gerade angesichts des Todes bewähren wird. Kein Mensch kann ohne Hoffnung leben. Hoffen können ist etwas, was zum Menschen gehört. Unsere Hoffnung geht über den Tod hinaus. „Keiner von uns lebt sich selber, und keiner stirbt sich selber: Leben wir, so leben wir dem Herrn, sterben wir, so sterben wir dem Herrn. Ob wir leben oder ob wir sterben, wir gehören dem Herrn," schreibt der Apostel Paulus in seinem Brief an die Römer (Röm 14,7-8).

Der Gott der Lebenden

Der Gott der Christen ist kein Gott der Toten, sondern ein Gott der Lebenden. Aus dieser Hoffnung und in dieser Zuversicht dürfen wir leben. Tragender Grund und bleibender Maßstab unserer Hoffnung ist Jesus Christus. Er starb, zum Tode verurteilt, am Kreuz. Am dritten Tag ist er auferstanden und hat den Tod besiegt. Der Tod hat keine Macht mehr- nicht über IHN und nicht über uns. „Nun aber ist Christus von den Toten auferweckt worden als der Erste der Entschlafenen. Da nämlich durch einen Menschen der Tod gekommen ist, kommt durch einen Menschen auch die Auferstehung der Toten. Denn wie in Adam alle sterben, so werden in Christus alle lebendig gemacht werden" (1 Kor 15,20-22). Weil wir durch Taufe und Glaube mit Jesus Christus und seinem Tod verbunden sind, dürfen wir hoffen, künftig auch mit seiner Auferstehung verbunden zu sein. Christus sagt: „Wer an mich glaubt, wird leben, auch wenn er stirbt" (Joh 11,25). Das ist seine unmißverständliche Antwort auf unsere Frage: Was dürfen wir hoffen? In dieser Gewißheit bekennen wir voller Zuversicht im Glaubensbekenntnis: Wir erwarten die Auferstehung der Toten und das Leben der kommenden Welt.

Von Trauer und Trost

Diese Hoffnung nimmt nicht die Trauer, die wir beim Tod eines geliebten Menschen empfinden, aber sie schenkt Trost. Auch Christen trifft der Tod in aller Härte, mitunter auch in aller Unbarmherzigkeit. Auch für sie bleiben viele Fragen zunächst offen. Aber in ihrer Trauer finden sie Trost. Trost hängt zusammen mit dem Wort „trauen" und „treu". Über den Tod wollen wir dem geliebten Menschen verbunden sein, ihm treu bleiben. Solcher Trost läßt Trauer zu, ja gibt erst Kraft zum Trauern. Als Christen vertrauen wir nicht allein unseren eigenen Kräften, vielmehr suchen und erfahren wir Trost und Halt in der Treue Gottes und in seiner Zusage, daß wir leben. Seine Botschaft lautet: Der Tod ist das Tor zum Leben! So kann der Apostel Paulus an die Gemeinde der Thessalonicher schreiben: „Brüder, wir wollen euch über die Verstorbenen nicht in Unkenntnis lassen, damit ihr nicht trauert wie die anderen, die keine Hoffnung haben. Wenn Jesus – und das ist unser Glaube – gestorben und auferstanden ist, dann wird Gott durch Jesus auch die Verstorbenen zusammen mit ihm zur Herrlichkeit führen. …Tröstet also einander mit diesen Worten!" (1 Thess 4,13–14.18).

Worte zum Tod

Es entspricht einem alten Brauch, den Tod eines Menschen durch einen persönlichen Brief oder auch öffentlich in der Zeitung anzuzeigen. Zur Erinnerung an den lieben Toten dienen oft Totenbilder oder Totenzettel, die bei der Beerdigung den Verwandten, Freunden und Gästen übergeben werden.

Was dem Toten und den Trauernden im Leben und Sterben wichtig war und ist, kann hier durch ein Wort aus der Heiligen Schrift oder durch den Ausspruch eines Christen seinen Ausdruck finden.

Zu dir, Herr, erhebe ich meine Seele. Mein Gott, auf dich vertraue ich.

Psalm 25,1

Der Herr ist mein Licht und mein Heil: Vor wem sollte ich mich fürchten?

Psalm 27,1 a

In deine Hände lege ich voll Vertrauen meinen Geist; du hast mich erlöst, Herr, du treuer Gott.

Psalm 31,6

Ich habe dich beim Namen gerufen, du gehörst mir.

Buch Jesaja 43,1

Er ist doch nicht der Gott der Toten, sondern der Gott der Lebenden.

Matthäus-Evangelium 22,32

Vater, in deine Hände lege ich meinen Geist.

Lukas-Evangelium 23,46

Wer an den Sohn glaubt, hat das ewige Leben.

Johannes-Evangelium 3,36

Ich bin gekommen, damit sie das Leben haben und es in Fülle haben. *Johannes-Evangelium 10,10*

Ich bin die Auferstehung und das Leben. Wer an mich glaubt, wird leben, auch wenn er stirbt.

Johannes-Evangelium 11,25

Wenn das Weizenkorn nicht in die Erde fällt und stirbt, bleibt es allein; wenn es aber stirbt, bringt es reiche Frucht. *Johannes-Evangelium 12,24*

Leben wir, so leben wir dem Herrn, sterben wir, so sterben wir dem Herrn. Ob wir leben oder ob wir sterben, wir gehören dem Herrn.

Römerbrief 14,8

Das Wort ist glaubwürdig:
Wenn wir mit Christus gestorben sind,
werden wir auch mit ihm leben.

Zweiter Brief an Timotheus 2,11

Sei treu bis in den Tod; dann werde ich dir den Kranz des Lebens geben. *Offenbarung 2,10*

Er wird alle Tränen von ihren Augen abwischen: Der Tod wird nicht mehr sein, keine Trauer, keine Klage, keine Mühsal. Denn was früher war, ist vergangen. *Offenbarung 21,4*

Ich gehe euch voran in den Frieden des Herrn, und dort erwarte ich euch zum ewigen Wiedersehen.

Augustinus

Unruhig ist unser Herz, o Gott, bis es ruht in dir.

Augustinus

Aus Gottes Hand empfing ich mein Leben, unter Gottes Hand gestaltete ich mein Leben, in Gottes Hand gebe ich mein Leben zurück.

Augustinus

Wer stirbt, erwacht zum ewigen Leben.

Franz von Assisi

Ich sterbe nicht, ich trete ins Leben ein.

Theresia von Lisieux

Wer Ostern kennt, kann nie verzweifeln.

Dietrich Bonhoeffer

Unsere Toten gehören zu den Unsichtbaren, aber nicht zu den Abwesenden.

Papst Johannes XXIII.

Zum Trost für die Trauernden

– Symbole und Zeichen –

Der Tod ist das Tor zum Leben. Aus dieser Hoffnung leben Christen. In Zeichen und Symbolen wollen sie ihrer Hoffnung Ausdruck geben. Wir finden sie auf Todesanzeigen und Totenzettel. Ein Symbol oder Zeichen sagt oft mehr aus als große Worte. Jedoch bedürfen Symbole der Deutung durch das Wort, da sie oft mehrdeutig sind.

Kreuz –
Grundsymbol christlichen Glaubens. Es kann auch in der Gestalt des Lebensbaumes dargestellt werden.

Ähre –
Zeichen der Frucht und der Auferstehung: Was gesät wird, ist verweslich, was auferweckt wird, unverweslich. *1 Korinther 15,42*

Lamm –
Zeichen Christi, der sich geopfert hat, ein Bild für den auferstandenen Herrn, der seinem Volk Anteil an seiner Herrlichkeit gibt.

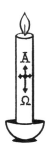

Licht –
Symbol für Christus; dargestellt im Bild der Osterkerze oder der Sonne: Ich bin das Licht der Welt, wer mir nachfolgt, wird nicht in der Finsternis umhergehen, sondern wird das Licht des Lebens haben.

Johannes 8,12

Hand –
Zeichen des Schöpfers und des Vollenders: Die Rechte des Herrn wirkt mit Macht. Ich werde nicht sterben, sondern leben. *Psalm 118,16-17*

Kranz –
Zeichen des Siegers über den Tod: Sei treu bis in den Tod; dann werde ich dir den Kranz des Lebens geben.

Offenbarung 2,10

Texte aus dem Alten Testament

Aus dem Buch Ijob
Doch ich, ich weiß: mein Erlöser lebt,
als letzter erhebt er sich über dem Staub.
Ohne meine Haut, die so zerfetzte,
und ohne mein Fleisch werde ich Gott schauen.
Ihn selber werde ich dann für mich schauen;
meine Augen werden ihn sehen, nicht mehr
fremd.
Danach sehnt sich mein Herz in meiner Brust.

(Ijob 19,25-27)

Aus dem Buch der Weisheit ②
Die Seelen der Gerechten sind in Gottes Hand,
und keine Qual kann sie berühren.
In den Augen der Toren sind sie gestorben,
ihr Heimgang gilt als Unglück,
ihr Scheiden von uns als Vernichtung;
sie aber sind in Frieden.
In den Augen der Menschen wurden sie gestraft;
doch ihre Hoffnung ist voll Unsterblichkeit...
Alle, die auf ihn vertrauen,
werden die Wahrheit erkennen,
und die Treuen werden bei ihm bleiben in Liebe.
Denn Gnade und Erbarmen wird seinen
Erwählten zuteil. *(Weish 3,1-4.9)*

Aus dem Buch Jesaja ③
Er beseitigt den Tod für immer.
Gott, der Herr, wischt die Tränen ab
von jedem Gesicht.
Auf der ganzen Erde nimmt er von seinem Volk
die Schande hinweg.
Ja, der Herr hat gesprochen.
An jenem Tag wird man sagen:
Seht, das ist unser Gott,
auf ihn haben wir unsere Hoffnung gesetzt,
er wird uns retten.
Das ist der Herr, auf ihn setzen wir unsere
Hoffnung.
Wir wollen jubeln und uns freuen über seine
rettende Tat. *(Jes 25,8-9)*

Aus dem Buch der Klagelieder ④
Das will ich mir zu Herzen nehmen,
darauf darf ich harren:
Die Huld des Herrn ist nicht erschöpft,
sein Erbarmen ist nicht zu Ende.
Neu ist es an jedem Morgen;
groß ist deine Treue.
Mein Anteil ist der Herr, sagt meine Seele,
darum harre ich auf ihn.
Gut ist der Herr zu dem, der auf ihn hofft,
zur Seele, die ihn sucht. *(Klgl 3,21-25)*

Aus dem Buch der Psalmen ⑤
Aus der Tiefe rufe ich, Herr, zu dir:
Herr, höre meine Stimme!
Wende dein Ohr mir zu,
achte auf mein lautes Flehen!
Würdest du, Herr, unsere Sünden beachten,
Herr, wer könnte bestehen?
Doch bei dir ist Vergebung,
damit man in Ehrfurcht dir dient.
Ich hoffe auf den Herrn, es hofft meine Seele,
ich warte voll Vertrauen auf sein Wort.
Meine Seele wartet auf den Herrn
mehr als die Wächter auf den Morgen.
Mehr als die Wächter auf den Morgen
soll Israel harren auf den Herrn.
Denn beim Herrn ist die Huld,
bei ihm ist Erlösung in Fülle.
Ja er wird Israel erlösen
von all seinen Sünden. *(Ps 130,1-8)*

Texte aus dem Neuen Testament

Aus dem Evangelium nach Matthäus

Wenn der Menschensohn in seiner Herrlichkeit kommt und alle Engel mit ihm, dann wird er sich auf den Thron seiner Herrlichkeit setzen. Und alle Völker werden vor ihm zusammengerufen werden, und er wird sie voneinander scheiden, wie der Hirt die Schafe von den Böcken scheidet. Er wird die Schafe zu seiner Rechten versammeln, die Böcke aber zur Linken. Dann wird der König denen auf der rechten Seite sagen: Kommt her, die ihr von meinem Vater gesegnet seid, nehmt das Reich in Besitz, das seit der Erschaffung der Welt für euch bestimmt ist. Denn ich war hungrig, und ihr habt mir zu essen gegeben; ich war durstig, und ihr habt mir zu trinken gegeben; ich war fremd und obdachlos, und ihr habt mich aufgenommen; ich war nackt, und ihr habt mir Kleidung gegeben; ich war krank, und ihr habt mich besucht; ich war im Gefängnis, und ihr seid zu mir gekommen. Dann werden ihm die Gerechten antworten: Herr, wann haben wir dich hungrig gesehen und dir zu essen gegeben, oder durstig und dir zu trinken gegeben? Und wann haben wir dich fremd und obdachlos gesehen und aufgenommen, oder nackt und dir Kleidung gegeben? Und wann haben wir dich krank oder im Gefängnis gesehen und sind zu dir gekommen? Darauf wird der König ihnen antworten: Amen, ich sage euch: Was ihr für einen meiner geringsten Brüder getan habt, das habt ihr mir getan.

(Mt 25,31-40)

Aus dem Evangelium nach Markus

Als die sechste Stunde kam, brach über das ganze Land eine Finsternis herein. Sie dauerte bis zur neunten Stunde. Und in der neunten Stunde rief Jesus mit lauter Stimme: Eloï, Eloï, lema sabachtani?, das heißt übersetzt: Mein Gott, mein Gott, warum hast du mich verlassen? Einige von denen, die dabeistanden und es hörten, sagten: Hört, er ruft nach Elija!

Einer lief hin, tauchte einen Schwamm in Essig, steckte ihn auf einen Stock und gab Jesus zu trinken. Dabei sagte er: Laßt uns doch sehen, ob Elija kommt und ihn herabnimmt. Jesus aber schrie laut auf. Dann hauchte er den Geist aus. Da riß der Vorhang im Tempel von oben bis unten entzwei. Als der Hauptmann, der Jesus gegenüberstand, ihn auf diese Weise sterben sah, sagte er: Wahrhaftig, dieser Mensch war Gottes Sohn.

(Mk 15,33-39)

Aus dem Evangelium nach Markus

Als der Sabbat vorüber war, kauften Maria aus Magdala, Maria, die Mutter des Jakobus, und Salome wohlriechende Öle, um damit zum Grab zu gehen und Jesus zu salben. Am ersten Tag der Woche kamen sie in aller Frühe zum Grab, als eben die Sonne aufging. Sie sagten zueinander: Wer könnte uns den Stein vom Eingang des Grabes wegwälzen? Doch als sie hinblickten, sahen sie, daß der Stein schon weggewälzt war; er war sehr groß. Sie gingen in das Grab hinein und sahen auf der rechten Seite einen jungen Mann sitzen, der mit einem weißen Gewand bekleidet war; da erschraken sie sehr. Er aber sagte zu ihnen: Erschreckt nicht! Ihr sucht Jesus von Nazaret, den Gekreuzigten. Er ist auferstanden; er ist nicht hier. Seht, da ist die Stelle, wo man ihn hingelegt hatte. Nun aber geht und sagt seinen Jüngern, vor allem Petrus: Er geht euch voraus nach Galiläa; dort werdet ihr ihn sehen, wie er es euch gesagt hat.

(Mk 16,1-7)

Aus dem Evangelium nach Lukas

Am ersten Tag der Woche gingen die Frauen mit den wohlriechenden Salben, die sie zubereitet hatten, in aller Frühe zum Grab. Da sahen sie, daß der Stein vom Grab weggewälzt war; sie gingen hinein, aber den Leichnam Jesu, des Herrn, fanden sie nicht. Während sie ratlos dastanden, traten zwei Männer in leuchtenden Gewändern zu ihnen. Die Frauen erschraken und blickten zu Boden. Die Männer aber sagten zu ihnen: Was sucht ihr den Lebenden bei den Toten? Er ist nicht hier, sondern er ist auferstanden.

(Lk 24,1-6a)

Aus dem Evangelium nach Lukas

Am gleichen Tag waren zwei von den Jüngern auf dem Weg in ein Dorf namens Emmaus, das sechzig Stadien von Jerusalem entfernt ist. Sie sprachen miteinander über all das, was sich ereignet hatte. Während sie redeten und ihre Gedanken austauschten, kam Jesus hinzu und ging mit ihnen. Doch sie waren wie mit Blindheit geschlagen, so daß sie ihn nicht erkannten. Er fragte sie: Was sind das für Dinge, über die ihr auf eurem Weg miteinander redet? Da blieben sie traurig stehen, und der eine von ihnen – er hieß Kleopas – antwortete ihm: Bist du so fremd in Jerusalem, daß du als einziger nicht weißt, was in diesen Tagen dort geschehen ist? Er fragte sie: Was denn? Sie antworteten ihm: Das mit Jesus aus Nazaret. Er war ein Prophet, mächtig in Wort und Tat vor Gott und dem ganzen Volk. Doch unsere Hohenpriester und Führer haben ihm zum Tod verurteilen und ans Kreuz schlagen lassen. Wir aber hatten gehofft, daß er der sei, der Israel erlösen werde. Und dazu ist heute schon der dritte Tag, seitdem das alles geschehen ist. Aber nicht nur das: Auch einige Frauen aus unserem Kreis haben uns in große Aufregung versetzt. Sie waren in der Frühe beim Grab, fanden aber seinen Leichnam nicht. Als sie zurückkamen, erzählten sie, es seien ihnen Engel erschienen und hätten gesagt, er lebe. Einige von uns gingen dann zum Grab und fanden alles so, wie die Frauen gesagt hatten; ihn selber aber sahen sie nicht.

Da sagte er zu ihnen: Begreift ihr denn nicht? Wie schwer fällt es euch, alles zu glauben, was die Propheten gesagt haben. Mußte nicht der Messias all das erleiden, um so in seine Herrlichkeit zu gelangen? Und er legte ihnen dar, ausgehend von Mose und allen Propheten, was in der gesamten Schrift über ihn geschrieben steht. So erreichten sie das Dorf, zu dem sie unterwegs waren. Jesus tat, als wolle er weitergehen, aber sie drängten ihn und sagten: Bleib doch bei uns; denn es wird bald Abend, der Tag hat sich schon geneigt. Da ging er mit hinein, um bei ihnen zu bleiben. Und als er mit ihnen bei Tisch war, nahm er das Brot, sprach den Lobpreis, brach das Brot und gab es ihnen. Da gingen ihnen die Augen auf, und sie erkannten ihn; dann sahen sie ihn nicht mehr. Und sie sagten zueinander: Brannte uns nicht das Herz in der Brust, als er unterwegs mit uns redete und uns den Sinn der Schrift erschloß? Noch in derselben Stunde brachen sie auf und kehrten nach Jerusalem zurück, und sie fanden die Elf und die anderen Jünger versammelt: Diese sagten: Der Herr ist wirklich auferstanden und ist dem Simon erschienen.

(Lk 24,13-34)

Aus dem Evangelium nach Johannes

Jesus sagte zu seinen Jüngern: Alles, was der Vater mir gibt, wird zu mir kommen, und wer zu mir kommt, den werde ich nicht abweisen; denn ich bin nicht vom Himmel herabgekommen, um meinen Willen zu tun, sondern den dessen, der mich gesandt hat. Es ist aber der Wille dessen, der mich gesandt hat, daß ich keinen von denen, die er mir gegeben hat, zugrunde gehen lasse, sondern daß ich sie auferwecke am Letzten Tag. Denn es ist der Wille meines Vaters, daß alle, die den Sohn sehen und an ihn glauben, das ewige Leben haben und daß ich sie auferwecke am Letzten Tag.

(Joh 6,37-40)

Aus dem Evangelium nach Johannes
Marta sagte zu Jesus: Herr, wärst du hier gewesen, dann wäre mein Bruder nicht gestorben. Aber auch jetzt weiß ich: Alles worum du Gott bittest, wird Gott dir geben. Jesus sagte zu ihr: Dein Bruder wird auferstehen. Marta sagte zu ihm: Ich weiß, daß er auferstehen wird bei der Auferstehung zum Letzten Tag. Jesus erwiderte ihr: Ich bin die Auferstehung und das Leben. Wer an mich glaubt, wird leben, auch wenn er stirbt, und jeder, der lebt und an mich glaubt, wird auf ewig nicht sterben. Glaubst du das? Marta anwortete ihm: Ja, Herr, ich glaube, daß du der Messias bist, der Sohn Gottes, der in die Welt kommen soll.

(Joh 11,21-27)

⑧

Aus dem Evangelium nach Johannes
Als Marta dorthin kam, wo Jesus war, und ihn sah, fiel sie ihm zu Füßen und sagte zu ihm: Herr, wärst du hier gewesen, dann wäre mein Bruder nicht gestorben. Als Jesus sah, wie sie weinte und wie auch die Juden weinten, die mit ihr gekommen waren, war er im Innersten erregt und erschüttert. Er sagte: Wo habt ihr ihn bestattet? Sie anworteten ihm: Herr, komm und sieh! Da weinte Jesus. Die Juden sagten: Seht, wie lieb er ihn hatte! Einige aber sagten: Wenn er dem Blinden die Augen geöffnet hat, hätte er dann nicht auch verhindern können, daß dieser hier starb? Da wurde Jesus wiederum innerlich erregt, und er ging zum Grab. Es war eine Höhle, die mit einem Stein verschlossen war.

Jesus sagte: Nehmt den Stein weg! Marta, die Schwester des Verstorbenen, entgegnete ihm: Herr, er riecht aber schon, denn es ist bereits der vierte Tag. Jesus sagte zu ihr: Habe ich dir nicht gesagt: Wenn du glaubst, wirst du die Herrlichkeit Gottes sehen? Da nahmen sie den Stein weg. Jesus aber erhob seine Augen und sprach: Vater, ich danke dir, daß du mich erhört hast. Ich wußte, daß du mich immer erhörst; aber wegen der Menge, die um mich herum steht, habe ich es gesagt; denn sie sollen glauben, daß du mich gesandt hast. Nachdem er dies gesagte hatte, rief er mit lauter Stimme: Lazarus, komm heraus! Da kam der Verstorbene heraus; seine Füße und Hände waren mit Binden umwickelt, und sein Gesicht war mit einem Schweißtuch verhüllt. Jesus sagte zu ihnen: Löst ihm die Binden, und laßt ihn weggehen.
Viele der Juden, die zu Maria gekommen waren und gesehen hatten, was Jesus getan hatte, kamen zum Glauben an ihn.

(Joh 11,32-45)

⑨

Aus dem Evangelium nach Johannes
Jesus sagte zu seinen Jüngern: Amen, amen, ich sage euch: Wenn das Weizenkorn nicht in die Erde fällt und stirbt, bleibt es allein; wenn es aber stirbt, bringt es reiche Frucht. Wer an seinem Leben hängt, verliert es; wer aber sein Leben in dieser Welt gering achtet, wird es bewahren bis ins ewige Leben. Wenn einer mir dienen will, folge er mir nach; und wo ich bin, dort wird auch mein Diener sein. Wenn einer mir dient, wird der Vater ihn ehren.

(Joh 12,24-26)

⑩

Aus dem Evangelium nach Johannes
Jesus sagte zu seinen Jüngern: Euer Herz lasse sich nicht verwirren. Glaubt an Gott, und glaubt an mich! Im Haus meines Vaters gibt es viele Wohnungen. Wenn es nicht so wäre, hätte ich euch

dann gesagt: Ich gehe, um einen Platz für euch vorzubereiten? Wenn ich gegangen bin und einen Platz für euch vorbereitet habe, komme ich wieder und werde euch zu mir holen, damit auch ihr dort seid, wo ich bin. Und wohin ich gehe – den Weg dorthin kennt ihr. Thomas sagte zu ihm: Herr, wir wissen nicht, wohin du gehst. Wie sollen wir dann den Weg kennen? Jesus sagte zu ihm: Ich bin der Weg und die Wahrheit und das Leben; niemand kommt zum Vater außer durch mich.

(Joh 14,1-6)

⑪
Aus dem Brief an die Römer

Wißt ihr denn nicht, daß wir alle, die wir auf Christus Jesus getauft wurden, auf seinen Tod getauft worden sind? Wir wurden mit ihm begraben durch die Taufe auf den Tod; und wie Christus durch die Herrlichkeit des Vaters von den Toten auferweckt wurde, so sollen auch wir, als neue Menschen leben. Wenn wir nämlich ihm gleich geworden sind in seinem Tod, dann werden wir mit ihm auch in seiner Auferstehung vereinigt sein…
Sind wir nun mit Christus gestorben, so glauben wir, daß wir auch mit ihm leben werden.

(Röm 6,3-5.8)

⑫
Aus dem Brief an die Römer

Keiner von uns lebt sich selber, und keiner stirbt sich selber: Leben wir, so leben wir dem Herrn, sterben wir, so sterben wir dem Herrn. Ob wir leben oder ob wir sterben, wir gehören dem Herrn. Denn Christus ist gestorben und lebendig geworden, um Herr zu sein über Tote und Lebende…
Also wird jeder von uns vor Gott Rechenschaft über sich selbst ablegen.

(Röm 14,7-9.12)

⑬
Aus dem ersten Brief an die Korinther

Nun aber ist Christus von den Toten auferweckt worden als der Erste der Entschlafenen. Da nämlich durch einen Menschen der Tod gekommen ist, kommt durch einen Menschen auch die Auferstehung der Toten. Denn wie in Adam alle sterben, so werden in Christus alle lebendig gemacht werden.

(1 Kor 15,20-22)

⑭
Aus dem ersten Brief an die Thessalonicher

Brüder, wir wollen euch über die Verstorbenen nicht in Unkenntnis lassen, damit ihr nicht trauert wie die anderen, die keine Hoffnung haben. Wenn Jesus – und das ist unser Glaube – gestorben und auferstanden ist, dann wird Gott durch Jesus auch die Verstorbenen zusammen mit ihm zur Herrlichkeit führen… Tröstet also einander mit diesen Worten!

(1 Thess 4,13-14.18)

⑮
Aus der Offenbarung des Johannes

Dann sah ich einen neuen Himmel und eine neue Erde; denn der erste Himmel und die erste Erde sind vergangen, auch das Meer ist nicht mehr. Ich sah die heilige Stadt, das neue Jerusalem, von Gott her aus dem Himmel herabkommen; sie war bereit wie eine Braut, die sich für ihren Mann geschmückt hat. Da hörte ich eine laute Stimme vom Thron her rufen: Seht, die Wohnung Gottes unter den Menschen! Er wird in ihrer Mitte wohnen und sie werden sein Volk sein; und er, Gott, wird bei ihnen sein. Er wird alle Tränen von ihren Augen abwischen: Der Tod wird nicht mehr sein, keine Trauer, keine Klage, keine Mühsal. Denn was früher war, ist vergangen. Er, der auf dem Thron saß, sprach: Seht, ich mache alles neu.

(Offb 21,1-5a)

Fürbitten

①

V.: Laßt uns das Erbarmen unseres Herrn Jesus Christus anrufen für alle Verstorbenen.
Christus, Erlöser der Welt! Reinige sie von Schuld und Sünde.
Alle: Wir bitten dich, erhöre uns.
V.: Vollende sie in deinem Leben.
Alle: Wir bitten dich, erhöre uns.

V.: Wir beten auch für jene, die um diesen Verstorbenen (ihren verstorbenen Vater...) trauern.
Tröste sie in ihrem Schmerz.
Alle: Wir bitten dich, erhöre uns.
V.: Festige ihren Glauben und stärke ihre Hoffnung.
Alle: Wir bitten dich, erhöre uns.

V.: Für uns selber und alle Lebenden, besonders für den aus unserer Mitte, der als erster dem Verstorbenen vor das Angesicht Gottes folgen wird.
Schenke uns Reue und Umkehr.
Alle: Wir bitten dich, erhöre uns.
V.: Stärke und erhalte uns in deinem Dienst.
Alle: Wir bitten dich, erhöre uns.

②

V.: Herr Jesus Christus!
Du hast am Grab deines Freundes Lazarus geweint:
trockne unsre Tränen.
Christus, höre uns.
Alle: Christus, erhöre uns.

V.: Du hast Tote zum Leben erweckt: schenke unserem Bruder (unserer Schwester) das ewige Leben.
Christus, höre uns.
Alle: Christus, erhöre uns.

V.: Du hast dem Schächer das Paradies versprochen: nimm unseren Bruder (unsere Schwester) auf in den Himmel.
Christus, höre uns.
Alle: Christus, erhöre uns.

V.: Du hast ihn (sie) durch die Taufe in die Kirche aufgenommen: vollende ihn (sie) in der Gemeinschaft der Heiligen.
Christus, höre uns.
Alle: Christus, erhöre uns.

V.: Du hast ihn (sie) im heiligen Mahl mit deinem Leib genährt: gib ihm (ihr) Anteil am Mahl in deinem Reich.
Christus, höre uns.
Alle: Christus, erhöre uns.

V.: Du hast uns im Hause deines Vaters die Heimat bereitet: stärke uns auf dem Weg zu dir.
Christus, höre uns.
Alle: Christus, erhöre uns.

③

V.: Lasset uns beten für unseren verstorbenen Bruder (unsere verstorbene Schwester) N.
Vater im Himmel, nimm ihn (sie) auf in deinen Frieden.
Alle: Wir bitten dich, erhöre uns.

V.: Laß alles Gute seines (ihres) Lebens Frucht bringen.
Alle: Wir bitten dich, erhöre uns.

V.: Vergib ihm (ihr), was er (sie) in seinem (ihrem) Leben gefehlt hat.
Alle: Wir bitten dich, erhöre uns.

V.: Tröste die Angehörigen des (der) Verstorbenen.
Alle: Wir bitten dich, erhöre uns.
V.: Nimm alle Menschen, die heute sterben, in dein Reich auf.
Alle: Wir bitten dich, erhöre uns.

④

Lobpreisung

V.: Herr, unser Gott, unsere Toten kehren heim zu dir. Wir aber bleiben mit ihnen verbunden; denn wir sind ein Leib in Christus und untereinander Glieder. Herr, wir preisen dich mit unseren Brüdern und Schwestern, die in seliger Freude bei dir leben.
Wir loben dich.
Alle: Wir preisen dich.

V.: Herr, wir preisen dich mit unseren Brüdern und Schwestern, die noch der Läuterung bedürfen; denn auch sie sind dein.
Wir loben dich.
Alle: Wir preisen dich.

V.: Herr, wir preisen dich, daß wir unseren Verstorbenen helfen dürfen; höre unser Gebet und erhöre unsere Bitten.
Wir loben dich.
Alle: Wir preisen dich.

V.: Herr, wir preisen dich auch um der Schmerzen und des Todes willen; denn unsere Trauer wandelst du in Freude, und durch dich wird der Tod zur Pforte des Lebens.
Wir loben dich.
Alle: Wir preisen dich.

V.: O Gott, laß uns in der Gemeinschaft mit denen, die du geheiligt hast, verbleiben und in dir die Vollendung finden.
Durch Christus, unsern Herrn.
Alle: Amen.

Die Begräbnisfeier

Je nach den örtlichen Umständen kann der Verlauf der Begräbnisfeier unterschiedlich sein. Sie besteht immer aus einem Wortgottesdienst und dem Beerdigungsritus. Das kirchliche Begräbnis ist ein Ausdruck der Verbundenheit der Kirche mit allen ihren Gliedern. Den Angehörigen zeigt es, daß sie nicht allein in ihrer Trauer sind. Die Begräbnisfeier ist aber zugleich Ausdruck des Glaubens, daß die Gemeinschaft mit Christus und der Kirche über den Tod hinaus Bestand hat. Deshalb bildet die Eucharistiefeier den Höhepunkt einer katholischen Begräbnisfeier. Denn in der Messe wird uns die Gegenwart des Herrn und seines Opfers am Kreuz geschenkt. Voll Vertrauen auf ihren Herrn feiert die Kirche im Meßopfer seinen Tod und seine Auferstehung. Wie Christus nicht im Tod geblieben ist, so soll er auch unsere Verstorbenen aus dem Tod in sein ewiges Leben rufen. Die Kirche ist der Überzeugung, daß die Feier der Eucharistie ihr wirkungsvollstes Tun für die Verstorbenen ist.

ERÖFFNUNG

Wenn die Gemeinde versammelt ist, eröffnet der Priester oder Diakon die Feier mit dem Kreuzzeichen.

Im Namen des Vaters und des Sohnes und des Heiligen Geistes

und begrüßt die Versammelten mit einem Schriftwort oder mit persönlichen Worten.

Der Priester oder Diakon beschließt die Eröffnung mit einem Gebet, dem Kyrierufe vorausgehen können, etwa:

V.: Herr Jesus Christus, du hast uns den Weg zum Vater gezeigt: Herr, erbarme dich.
A.: Herr erbarme dich.

V.: Du hast durch deinen Tod der Welt das Leben geschenkt: Christus, erbarme dich.
A.: Christus, erbarme dich.

V.: Du hast uns im Hause deines Vaters eine Wohnung bereitet: Herr, erbarme dich.
A.: Herr, erbarme dich.

WORTGOTTESDIENST

Wenn unmittelbar vor oder nach dem Begräbnis die Eucharistie gefeiert wird, bleibt der Wortgottesdienst in gewohnter Weise damit verbunden. Sonst wird er für gewöhnlich in der Friedhofskapelle oder auch am Grab gehalten.

Nach der Schriftlesung und der Homilie (Predigt) können alle eine Weile des Verstorbenen in Stille gedenken.

Der Wortgottesdienst schließt mit einem Gebet ab.

Es kann mit Anrufungen eingeleitet werden:

V.: Zu unserem Herrn Jesus Christus beten wir voll Vertrauen für unseren Bruder (unsere Schwester) N:
Erlöse ihn (sie), o Herr!
A.: Erlöse ihn (sie), o Herr!
V.: Von aller Schuld
A.: Erlöse ihn (sie), o Herr!
V.: Durch deine Menschwerdung
A.: Erlöse ihn (sie), o Herr!
V.: Durch dein Kreuz und Leiden
A.: Erlöse ihn (sie), o Herr!
V.: Durch deinen Tod und deine Auferstehung
A.: Erlöse ihn (sie), o Herr!
V.: Durch deine Wiederkunft in Herrlichkeit
A.: Erlöse ihn (sie), o Herr!

Auf dem Weg zum Grab kann die Trauergemeinde des Verstorbenen still gedenken oder miteinander den Rosenkranz beten. Als Gesang oder Gebet eignet sich auch die Litanei für Verstorbene.

BEISETZUNG

Der Priester oder Diakon leitet die Beisetzung mit einem Gebet oder einem persönlichen Wort ein. Zum Einsenken des Sarges wird ein Schriftwort gesungen oder gesprochen.

Ich bin die Auferstehung und das Leben.
Wer an mich glaubt, wird leben,
auch wenn er stirbt,
und jeder, der lebt und an mich glaubt,
wird in Ewigkeit nicht sterben.

Priester oder Diakon:
Wir übergeben den Leib der Erde. Christus, der von den Toten auferstanden ist, wird auch unseren Bruder (unsere Schwester) N. zum Leben erwecken.

Der Priester sprengt Weihwasser auf den Sarg:
Im Wasser und im Heiligen Geist wurdest du getauft. Der Herr vollende an dir, was er in der Taufe begonnen hat.

Er kann den Sarg beräuchern:
Dein Leib war Gottes Tempel. Der Herr schenke dir ewige Freude.

Er wirft Erde auf den Sarg:
Von der Erde bist du genommen, und zur Erde kehrst du zurück. Der Herr wird dich auferwecken.

Der Priester steckt das Kreuz in die Erde:
Das Zeichen unserer Hoffnung, das Kreuz unseres Herrn Jesus Christus, sei aufgerichtet über deinem Grab.

Oder er macht das Kreuzzeichen über das Grab:
Im Kreuz unseres Herrn Jesus Christus ist Auferstehung und Heil. Der Friede sei mit dir!

Gebet für Verstorbene und Lebende

Fürbitten (siehe Seite 15)

Das Gebet des Herrn

P.: Lasset uns beten, wie der Herr uns zu beten gelehrt hat:
A.: Vater unser im Himmel,
Geheiligt werde dein Name.
Dein Reich komme.
Dein Wille geschehe, wie im Himmel so auf Erden.
Unser tägliches Brot gib uns heute.
Und vergib uns unsere Schuld,
wie auch wir vergeben unsern Schuldigern.
Und führe uns nicht in Versuchung,
sondern erlöse uns von dem Bösen.
Denn dein ist das Reich und die Kraft und die Herrlichkeit in Ewigkeit.
Amen.

Nach dem Schlußgebet kann der Priester oder Diakon die Anwesenden einladen, die Mutter des Herrn anzurufen.

Gegrüßet seist du, Maria, voll der Gnade,
der Herr ist mir dir.
Du bist gebenedeit unter den Frauen,
und gebenedeit ist die Frucht deines Leibes, Jesus.
Heilige Maria, Mutter Gottes, bitte für uns Sünder
jetzt und in der Stunde unseres Todes.
Amen.

Abschließendes Segenswort

P.: Herr, gib ihm (ihr) und allen Verstorbenen die ewige Ruhe.
A.: Und das ewige Licht leuchte ihnen.
P.: Laß sie ruhen in Frieden.
A.: Amen.

Gebete

Gebet ist sprechender Glaube. Im Gebet wenden wir uns vertrauensvoll an Gott. Wir loben und preisen ihn, wir danken ihm, wir bitten ihn. Wenn wir für einen lieben Verstorbenen beten, dann danken wir Gott, daß wir ihn unter uns gehabt haben und bitten ihn, daß er ihn zu sich nimmt in sein Reich. Wir selbst suchen und finden Trost und Hoffnung im Gebet.

Es gibt viele Menschen, die nicht (mehr) beten können, die aber gerade im Angesicht des Todes (wieder) beten wollen. Sie dürfen erst einmal versuchen, in ihrem Schmerz ohne Wort vor Gott zu verweilen und ihr Innerstes allmählich zu öffnen. Vielleicht gelingt es ihnen mit der Zeit, ihr Leben vor Gott zur Sprache zu bringen. „Herr, lehre uns beten", haben einst die Jünger den Herrn gebeten. So können auch wir – gerade in Situationen des Leides, des Schmerzes und der Trauer – voll Vertrauen sprechen: „Herr, lehre uns beten!"

GRUNDGEBETE

Zum Kreuzzeichen
Im Namen des Vaters und des Sohnes und des Heiligen Geistes. Amen.

Gebet des Herrn
Vater unser im Himmel,
Geheiligt werde dein Name.
Dein Reich komme.
Dein Wille geschehe, wie im Himmel so auf Erden.
Unser tägliches Brot gib uns heute.
Und vergib uns unsere Schuld,
wie auch wir vergeben unsern Schuldigern.
Und führe uns nicht in Versuchung,
sondern erlöse uns von dem Bösen.

Denn dein ist das Reich und die Kraft und die Herrlichkeit in Ewigkeit. Amen.

Ave Maria

Gegrüßet seist du, Maria, voll der Gnade, der Herr ist mit dir. Du bist gebenedeit unter den Frauen, und gebenedeit ist die Frucht deines Leibes, Jesus. Heilige Maria, Mutter Gottes, bitte für uns Sünder jetzt und in der Stunde unseres Todes. Amen.

Das Apostolische Glaubensbekenntnis

Ich glaube an Gott, den Vater, den Allmächtigen, den Schöpfer des Himmels und der Erde, und an Jesus Christus, seinen eingeborenen Sohn, unsern Herrn, empfangen durch den Heiligen Geist, geboren von der Jungfrau Maria, gelitten unter Pontius Pilatus, gekreuzigt, gestorben und begraben, hinabgestiegen in das Reich des Todes, am dritten Tage auferstanden von den Toten, aufgefahren in den Himmel; er sitzt zur Rechten Gottes, des allmächtigen Vaters; von dort wird er kommen, zu richten die Lebenden und die Toten. Ich glaube an den Heiligen Geist, die heilige katholische Kirche, Gemeinschaft der Heiligen, Vergebung der Sünden, Auferstehung der Toten und das ewige Leben. Amen.

Ehre sei dem Vater

Ehre sei dem Vater und dem Sohn und dem Heiligen Geist, wie im Anfang, so auch jetzt und alle Zeit und in Ewigkeit. Amen.

PERSÖNLICHE GEBETE

Dank für einen Verstorbenen

Wir danken dir, Herr Gott, für diesen Menschen, der so nahe und kostbar war und der uns plötzlich entrissen ist aus unserer Welt. Wir danken dir für alle Freundschaft, die von ihm ausgegangen, für allen Frieden, den er gebracht hat; wir danken dir, daß er durch sein Leiden Gehorsam gelernt hat, und daß er bei aller Unvollkommenheit ein liebenswerter Mensch geworden ist. Wir bitten dich, Herr, daß wir alle, die mit ihm verbunden sind, jetzt auch, gerade wegen seines Todes, tiefer miteinander verbunden seien. Und auf Erden mögen wir gemeinsam in Frieden und Freundschaft die Wahrheit deiner Verheißung erkennen: Auch im Tod bist du treu.

Gebet für einen nahestehenden Menschen

Herr, (. . .) ist tot. Ich muß es ganz begreifen, was das ist, Herr. Sein Blick wird mich nie mehr treffen; seine Hand meine Hand nie mehr halten; er ist tot; er ist nicht mehr hier. Du bist die Auferstehung und das Leben. Wer an dich glaubt, wird leben, auch wenn er gestorben ist. Laß ihn aufwachen bei dir, Herr. Gib ihm das nie verrinnende Leben, nach dem wir uns sehnen, Herr. Kann unsere Sehnsucht uns täuschen? Herr, du hast es versprochen. Für ihn, der tot ist, erinnere ich dich an dein Wort: „Wer an mich glaubt, wird leben."

Gebet für verstorbene Eltern

Herr und Gott, du hast uns ins Herz gelegt und geboten, Vater und Mutter in besonderer Weise zu lieben. So bitten wir dich inständig, erbarme dich unserer verstorbenen Eltern; verzeihe ihnen, was sie gesündigt haben, und gib, daß wir sie einst in der Freude der ewigen Verklärung wiedersehen. Durch Christus, unsern Herrn.

Gebet für den verstorbenen Ehepartner

Vater, du hast meinen Mann (meine Frau) zu dir genommen. Wir sind ein Stück unsres Lebens miteinander gegangen. Wir haben vieles miteinander geteilt, Freud und Leid, frohe und schwere Stunden. Es war schön, wenn es auch nicht immer leicht war. Dafür danke ich dir. Nun hat mein Mann (meine Frau) zuerst das Ziel erreicht. Ich bleibe allein zurück. Lohne ihm (ihr) alle Liebe und Treue mit ewiger Freude; mir aber gib Kraft zu sagen: dein Wille geschehe, auch wenn dein Weg unbegreiflich ist. Und laß uns im Himmel mit dir vereint sein. Maria, Trösterin der Betrübten, bitte für uns.

Gebet für ein verstorbenes Kind

Gott, himmlischer Vater, du hast unser Kind von uns genommen. Hilf, daß wir uns in deinen Willen fügen. Wir übergeben Leib und Seele unseres Kindes deinen treuen Händen. Vollende sein junges Leben in deinem Reich. Schenke uns deinen Trost, und stärke uns im Glauben, damit wir nicht verzweifeln. Erfülle uns mit lebendiger Hoffnung auf die Auferstehung und ein Wiedersehen. Und laß uns die ewige Herrlichkeit mit all unseren Kindern erlangen.

Gebet um neue Hoffnung

Herr,
ich verstehe den Tod nicht,
auch nicht beim Anblick eines Toten.
Ich weiß,
auch ich werde sterben
irgendwann
oder demnächst...
Dein Wort verheißt ewiges Leben,
denen, die auf Dich hoffen.
Auch das verstehe ich nicht.
Aber ich möchte hoffen,
ich möchte vertrauen,
ich möchte glauben,
ich möchte leben! –
Herr, Dein Wille geschehe.

Gebet um einen guten Tod

Herr, ich weiß, daß du mich liebst, daß mein Sterben genauso in deinen Händen liegt, wie mein Leben. Hilf mir, täglich bereit zu sein, wenn du mich rufst. Laß mich versöhnt mit dir sterben, in der Hoffnung, daß du alles zum Guten wendest. Herr, dein Wille geschehe.

Gebet zu Maria

Unter deinen Schutz und Schirm
fliehen wir, heilige Gottesmutter.
Verschmähe nicht unser Gebet
in unseren Nöten,
sondern errette uns jederzeit
aus allen Gefahren,
o du glorwürdige und gebenedeite Jungfrau,
unsere Frau, unsere Mittlerin,
unsere Fürsprecherin.
Führe uns zu deinem Sohne,
empfiehl uns deinem Sohne,
stelle uns vor deinem Sohne.

Psalmen

Im Buch der Psalmen sind die Lieder Israels gesammelt, das Gotteslob des Alten Bundes. Auch der heutige Mensch kann sich in den Psalmen wiederfinden. Sie lehren ihn die biblische Art des Betens. Im Psalm schreit der Mensch seine Not hinaus und fragt nach dem Sinn des Lebens; im Psalm lobt und preist er den mächtigen Gott, der ihn rettet; im Psalm bekennt der Mensch seine Schuld vor Gott und bittet um Vergebung. Im Psalm setzt der Mensch sein Vertrauen und seine Hoffnung auf Gott.

Psalm 23: Der Herr ist mein Hirte
Kehrvers: Der Herr ist mein Hirt;
                 er führet mich an Wasser des Lebens.

Der Herr ist mein Hirte,
nichts wird mir fehlen.
Er läßt mich lagern auf grünen Auen
und führt mich zum Ruheplatz am Wasser.
Er stillt mein Verlangen;
er leitet mich auf rechten Pfaden, treu seinem Namen. –
Muß ich auch wandern in finsterer Schlucht,
ich fürchte kein Unheil;
denn du bist bei mir,
dein Stock und dein Stab geben wir Zuversicht. –
Du deckst mir den Tisch
vor den Augen meiner Feinde.
Du salbst mein Haupt mit Öl,
du füllst mir reichlich den Becher.
Lauter Güte und Huld werden mir folgen mein Leben lang,
und im Haus des Herrn darf ich wohnen für lange Zeit. –
Ehre sei dem Vater und dem Sohn
und dem Heiligen Geist,
wie am Anfang, so auch jetzt und alle Zeit
und in Ewigkeit. Amen.

Psalm 103: Der gütige und verzeihende Gott
Kehrvers: Der Herr vergibt die Schuld;
                 und rettet unser Leben.

Der Herr ist barmherzig und gnädig,
langmütig und reich an Güte.
Denn so hoch der Himmel über der Erde ist,
so hoch ist seine Huld über denen, die ihn fürchten.
So weit der Aufgang entfernt ist vom Untergang,
so weit entfernt er die Schuld von uns.
Wie ein Vater sich seiner Kinder erbarmt,
so erbarmt sich der Herr über alle, die ihn fürchten. –
Denn er weiß, was wir für Gebilde sind;
er denkt daran: Wir sind nur Staub.
Des Menschen Tage sind wie Gras,
er blüht wie die Blume des Feldes.
Fährt der Wind darüber, ist sie dahin,
der Ort, wo sie stand, weiß von ihr nichts mehr.
Doch die Huld des Herrn währt immer und ewig
für alle, die ihn fürchten und ehren. –
Ehre sei dem Vater und dem Sohn
und dem Heiligen Geist,
wie im Anfang, so auch jetzt und alle Zeit
und in Ewigkeit. Amen.

Psalm 130: Aus tiefer Not
Kehrvers: Beim Herrn ist Barmherzigkeit
und reiche Erlösung.

Aus der Tiefe rufe ich, Herr, zu dir:
Herr, höre meine Stimme!
Wende dein Ohr mir zu,
achte auf mein lautes Flehen!
Würdest du, Herr, unsere Sünden beachten,
Herr, wer könnte bestehen?
Doch bei dir ist Vergebung,
damit man in Ehrfurcht dir dient. –
Ich hoffe auf den Herrn, es hofft meine Seele,
ich warte voll Vertrauen auf sein Wort.
Meine Seele wartet auf den Herrn
mehr als die Wächter auf den Morgen.
Mehr als die Wächter auf den Morgen
soll Israel harren auf den Herrn! –
Denn beim Herrn ist die Huld,
bei ihm ist Erlösung in Fülle.
Ja, er wird Israel erlösen
von all seinen Sünden. –
Ehre sei dem Vater und dem Sohn
und dem Heiligen Geist,
wie im Anfang, so auch jetzt und alle Zeit
und in Ewigkeit. Amen.

Gedichte und Geschichten

Sie saßen bei ihm auf der Erde sieben Tage und sieben Nächte; keiner sprach ein Wort zu ihm. Denn sie sahen, daß sein Schmerz sehr groß war.

Ijob 2,13

Warum?

Von einer fröhlichen Runde kommend,
gehe ich zum Friedhof.
Da stehen zwei Mädchen, die weinen.
Sie haben in diesem Jahr den Vater verloren.
Und jetzt, nach einigen Monaten, die Mutter.
„Wir haben so viel gebetet.
Gibt es wirklich keinen Gott?"
Die Frage „Warum?" hat noch nicht ausgedient.
Ich schweige,
ich stehe wortlos da als Zeuge Gottes.
Stehenbleiben, das ist meine Antwort.

Martin Gutl

Der Glaube, den ich am liebsten mag,
sagt Gott, ist die Hoffnung

Charles Peguy

wenn ich gestorben bin
hat sie gewünscht
feiert nicht mich
und auch nicht den tod
feiert DEN
der ein gott von lebendigen ist
wenn ich gestorben bin
hat sie gewünscht
zieht euch nicht dunkel an
das wäre nicht christlich

kleidet euch hell
singt heitere lobgesänge
wenn ich gestorben bin
hat sie gewünscht
preiset das leben
das hart ist und schön
preiset DEN
der ein gott von lebendigen ist

Kurt Marti

Ein Mensch trägt die Last, der er gewachsen ist.

Aus Afrika

Eine Legende aus dem Mittelalter berichtet, wie Gott einmal Erbarmen hatte mit einem Menschen, der sich über sein zu schweres Kreuz beklagte. Er führte ihn in einen Raum, wo alle Kreuze der Menschen aufgestellt waren und sagte ihm: „Wähle!" Der Mensch machte sich auf die Suche. Da sah er ein ganz dünnes, aber dafür war es länger und größer. Er sah ein ganz kleines, aber als er es aufheben wollte, war es schwer wie Blei. Dann sah er eins, das gefiel ihm, und er legte es auf seine Schultern. Doch da merkte er, wie das Kreuz gerade an der Stelle, wo es auf der Schulter auflag, eine scharfe Spitze hatte, die ihm wie ein Dorn ins Fleisch drang. So hatte jedes Kreuz etwas Unangenehmes. Und als er alle Kreuze durchgesehen hatte, hatte er immer noch nichts Passendes gefunden. Dann entdeckte er eins, das hatte er übersehen, so versteckt stand es. Das war nicht zu schwer, nicht zu leicht, so richtig handlich, wie geschaffen für ihn. Dieses Kreuz wollte er in Zukunft tragen. Aber als er näher hinschaute, da merkte er, daß es sein Kreuz war, das er bisher getragen hatte.

nach einer alten Legende

Ein Tourist darf in einem Kloster bei Kartäusermönchen übernachten. Er ist erstaunt über die spartanische Einrichtung ihrer Zellen und fragt einen Bruder: „Wo habt Ihr Eure Möbel?" Schlagfertig fragt der Mönch zurück: „Ja, wo haben Sie denn Ihre?" „Meine?" erwidert darauf der Tourist verblüfft. „Ich bin ja nur auf der Durchreise hier!" „Eben", antwortet der Mönch, „das sind wir auch."

Eine alte arabische Sage erzählt von einem Scheik, den man den „Großen" nannte. Eines Tages stand ein junger Mann in seinem Zelt und grüßte ihn. „Wer bist du?" fragte der Scheik. „Ich bin Allahs Bote und werde der Engel des Todes genannt." Der Scheik wurde ganz bleich vor Schrecken. „Was willst du von mir?" – „Ich soll dir sagen, daß dein letzter Tag gekommen ist. Mach dich bereit. Wenn morgen abend die Sonne untergeht, komm ich, um dich zu holen." Der Bote ging. Das Zelt war leer. Fröhlich klatschte der Scheik in die Hände und befahl einem Sklaven, das schnellste und beste Kamel zu satteln. Er lächelte noch einmal, weil er an den Boten dachte, der morgen abend das Zelt leer finden würde. Bald war der Scheik weit in der Wüste draußen. Er ritt die ganze Nacht und den ganzen Tag trotz der brennenden Sonne. Er gönnte sich keine Rast. Je weiter er kam, um so leichter war ihm ums Herz. Die Sonne war nicht mehr weit vom Rand der Wüste entfernt. Er sah die Oase, zu der er wollte. Als die Sonne unterging, erreichte er die ersten Palmen. Jetzt war er weit, weit weg von seinem Zelt. Müde stieg er ab, lächelte und streichelte den Hals des Tieres: „Gut gemacht, mein Freund." Brunnen saß ruhig und wartete der Bote, der sich Engel des Todes genannt hatte, und sagte: „Gut, daß du da bist. Ich habe mich gewundert, daß ich dich hier, so weit entfernt von deinem Zelt, abholen sollte. Ich habe mit Sorge an den weiten Weg und an die brennende Sonne und an dein hohes Alter gedacht. Du mußt sehr schnell geritten sein…"

Bevor ich sterbe

Noch einmal sprechen
von der Wärme des Lebens
damit doch einige wissen:
Es ist nicht warm
aber es könnte warm sein

Bevor ich sterbe
noch einmal sprechen
von Liebe
damit doch einige sagen:
Das gab es
das muß es geben

Noch einmal sprechen
vom Glück der Hoffnung auf Glück
damit noch einige fragen:
Was war das
wann kommt es wieder?

Erich Fried

27

> Es gibt so viele Kreuze wie Menschen.
>
> *Fulton John Sheen*

Eine Legende berichtet: Die Menschen waren mit ihren Kreuzen unterwegs. Sie mühten sich ab mit ihrer schweren Last. Doch einem war sein Kreuz zu lang. Kurzerhand sägte er ein gutes Stück ab. Nach langer Pilgerschaft kamen alle an einen Abgrund. Keine Brücke führte in das Land, das ewige Freude und Gottes sichtbare Nähe versprach. Alle legten nach kurzem Zögern ihre Kreuze über den Abgrund. Und siehe: sie paßten gerade. Der aber sein Kreuz abgesägt hatte, um es leichter zu haben, stand nun betroffen und verzweifelt.

> Das Leben ist Gottes Zeit mit uns.
>
> *Dietrich Bonhoeffer*

Der jüdische Rabbi Meir saß eines Tages im Hörsaal und hielt einen Vortrag. Während dieser Zeit starben seine zwei Söhne. Seine Frau legte ein Tuch über sie, und als am Ende des Sabbats der Rabbi nach Hause kam und sich nach den beiden Söhnen erkundigte, sprach die Mutter: „Sie sind unterwegs!" Dann trug sie ihrem Mann Speise auf, und nachdem der Rabbi gegessen hatte, sagte er abermals zu seiner Frau: „Wo sind nun meine beiden Söhne – unterwegs wohin?" Die Frau antwortete: „Vor langer Zeit kam ein Mann und gab mir etwas zum Aufbewahren. Jetzt kam er wieder, um es abzuholen. Ich habe es ihm gegeben. War das richtig, Rabbi, so zu handeln?" Meister Meir sagte: „Wer etwas zum Aufbewahren erhalten hat, muß es seinem Eigentümer zurückgeben, wann immer dieser es zurückhaben möchte." „Genau das habe ich getan", sagte die Mutter der beiden Söhne. – Dann führte sie den Rabbi hinauf ins Obergemach, zog das Bettuch weg und zeigte ihm die Toten... Da fing der Rabbi an zu weinen. Seine Frau faßte ihn am Arm und sprach: „Rabbi, du hast mir doch gesagt, daß wir das Aufbewahrte seinem Eigentümer zurückgeben müssen, wann immer er es zurückhaben möchte!?" Da sah der Rabbi ein, daß seine Frau recht hatte, und er hörte auf, über den Tod seiner Söhne zu weinen.

> Einer trage des anderen Last.
>
> *Galater 6,2*

Wann immer Rabbi Mosche Löb einen Menschen leiden sah, an der Seele oder am Leibe, nahm er daran mit solcher Inständigkeit teil, daß das Leid zu seinem eigenen wurde. Als ihm jemand einmal seine Verwunderung darüber aussprach, daß er immer so mitleiden könne, sagte er: „Wie denn, mitleiden? Das ist doch mein eigenes Leid, wie kann ich denn anders als es leiden?"

> *Martin Buber*

> Aus Gottes Hand empfing ich mein Leben, unter Gottes Hand gestaltete ich mein Leben, in Gottes Hand gebe ich mein Leben zurück.
>
> *Augustinus*

Rabbi Akiba hatte Hadrians Verbot des Torahlehrens nicht befolgt und wurde zum Märtyrertod verurteilt. Als er in der Anwesenheit des bösen Tinneius Rufus gefoltert wurde, kam die Stunde, das „Höre Israel" zu sprechen. Er sprach es und lächelte. Der römische Beamte schrie ihn an: „Alter Mann, wie kannst du bei deinen Schmerzen lächeln? Du bist entweder ein Zauberer oder du spottest deiner Leiden."
Akiba antwortete: „Ich bin kein Zauberer, und ich spotte meiner Leiden nicht. Aber mein Leben lang habe ich die Worte gesprochen: „Du sollst den Herrn, deinen Gott, lieben mit deinem ganzen Ver-

mögen", und ich war traurig, wenn ich daran dachte, wie ich denn Gott mit meiner ganzen Seele lieben könne. Ich habe Gott mit meinem ganzen Herzen und mit meinem ganzen Vermögen geliebt. Doch war mir nicht klar, wie ich ihn auch mit meiner Seele lieben könnte. Jetzt, wo ich meine Seele aufgebe und die Stunde des „Höre Israel" gekommen ist und wo ich bei meinem Entschluß bleibe – soll ich da nicht lächeln?"
Als er so sprach, verließ ihn seine Seele.

Der Herr ist bei mir, ich fürchte mich nicht.

Psalm 118,6

Die Blätter fallen, fallen wie von weit,
Als welkten in den Himmel ferne Gärten;
Sie fallen mit verneinender Gebärde.

Und in den Nächten fällt die schwere Erde
Aus allen Sternen in die Einsamkeit

Wir alle fallen. Diese Hand da fällt.
Und sieh dir andre an: es ist in allen.

Und doch ist einer, welcher dieses Fallen
Unendlich sanft in seinen Händen hält.

Rainer Maria Rilke

Er wird alle Tränen von ihren Augen abwischen: Der Tod wird nicht mehr sein, keine Trauer, keine Klage, keine Mühsal. Denn was früher war, ist vergangen.

Offenbarung 21,4

Es gibt eine alte chinesische Legende von einer Frau, deren Sohn starb. In ihrem Kummer ging sie zu einem heiligen Mann und sagte: „Welche Gebete und Beschwörungen kennst du, um meinen Sohn wieder zum Leben zu erwecken?" Er sagte zu ihr: „Bringe mir einen Senfsamen aus einem Hause, das niemals Leid kennengelernt hat.

Damit werden wir den Kummer aus deinem Leben vertreiben." Die Frau begab sich auf die Suche nach einem Zaubersenfkorn. Sie kam an ein prächtiges Haus, klopfte an die Tür und sagte: „Ich suche ein Haus, das niemals Leid erfahren hat, ist hier der richtige Ort? Er wäre sehr wichtig für mich." Sie sagten zu ihr: „Da bist du an den falschen Ort gekommen", und sie erzählten all das Unglück, das sich jüngst bei ihnen ereignet hatte. Die Frau sagte zu sich selbst: „Wer wohl kann diesen armen unglücklichen Menschen besser helfen als ich, die ich selbst so tief im Unglück sitze? – Sie blieb und tröstete sie; dann suchte sie weiter ein Haus ohne Leid. Aber wo immer sie sich hinwandte, in Hütten und Palästen, überall begegnete ihr das Leid. Schließlich beschäftigte sie sich ausschließlich mit dem Leid anderer Leute, so daß sie ganz die Suche nach dem Senfkorn vergaß, ohne daß es ihr bewußt wurde, daß sie auf diese Weise tatsächlich den Schmerz aus ihrem Leben verbannt hatte.

Walter Goes

Wir brauchen nicht zu verzweifeln, nicht zu trauern wie solche, die keine Hoffnung haben.

nach 1. Thessalonicherbrief 4,13

Der Glaube, den ich am liebsten mag,
sagt Gott,
ist die Hoffnung.
Glauben ist einfach,
und nicht zu glauben wäre unmöglich.
Lieben ist einfach,
und nicht zu lieben wäre unmöglich.
Aber hoffen zu können,
das ist das Schwere.
Die Hoffnung sieht, was noch nicht ist
und was sein wird.
Sie liebt, was noch nicht ist
und was sein wird.

Charles Péguy

Ein Weise mit Namen Choni ging einmal über Land und sah einen Mann, der einen Johannisbrotbaum pflanzte. Er blieb bei ihm stehen und sah ihm zu und fragte: „Wann wird das Bäumchen wohl Früchte tragen?" Der Mann erwiderte: „In siebzig Jahren."

Da sprach der Weise: „Du Tor! Denkst du ihn siebzig Jahren noch zu leben und die Früchte deiner Arbeit zu genießen? Pflanze lieber einen Baum, der früher Früchte trägt, daß du dich ihrer erfreust in deinem Leben." Der Mann aber hatte sein Werk vollendet und sah freudig darauf, und er antwortete: „Rabbi, als ich zur Welt kam, da fand ich Johannisbrotbäume und aß von ihnen, ohne daß ich sie gepflanzt hatte, denn das hatten meine Väter getan. Habe ich nun genossen, wo ich nicht gearbeitet habe, so will ich einen Baum pflanzen für meine Kinder oder Enkel, daß sie davon genießen. Wir Menschen mögen nur bestehen, wenn einer dem anderen die Hand reicht. Siehe, ich bin ein einfacher Mann, aber wir haben ein Sprichwort: Gefährten oder Tod."

Vom berühmten Erzbischof von Mailand, dem heiligen Karl Borromäus, wird berichtet, er habe einst einem Künstler den Auftrag gegeben, ein Bild des Todes zu malen. Nach einiger Zeit übergab ihm der Maler eine Skizze. Er hatte den Tod dargestellt als Knochenskelett mit der Sense in der Hand. Aber damit war der Bischof nicht einverstanden. „So sollst du den Tod nicht malen", erklärte er bestimmt, „stelle ihn dar als einen Engel mit einem goldenen Schlüssel in der Hand."

Eines nachts hatte ein Mann einen Traum. Er träumte, er würde mit Christus am Strand spazieren. Am Himmel über ihnen erschienen Szenen aus seinem Leben. In jeder Szene bemerkte er zwei Paar Fußabdrücke im Sand, eines gehörte ihm, das andere dem Herrn. Als die letzte Szene vor ihm erschien, schaute er zurück zu den Fußabdrücken und bemerkte, daß sehr oft auf dem Weg nur ein Paar Fußabdrücke im Sand zu sehen war. Er stellte ebenfalls fest, daß dies gerade während der Zeiten war, in denen es ihm am schlechtesten ging.

Dies wunderte ihn natürlich, und er fragte den Herrn: „Herr, du sagtest mir einst, daß ich mich entscheiden sollte, dir nachzufolgen; du würdest jeden Weg mit mir gehen. Aber ich stellte fest, daß während der beschwerlichsten Zeiten meines Lebens nur ein Paar Fußabdrücke zu sehen ist. Ich verstehe nicht, warum! Wenn ich die am meisten brauchte, hast du mich allein gelassen."

Der Herr antwortete: „Mein lieber, lieber Freund, ich mag dich so sehr, daß ich dich niemals verlassen würde. Während der Zeiten, wo es dir am schlechtesten ging, wo du auf Proben gestellt wurdest und gelitten hast – dort, wo du nur ein Paar Fußabdrücke siehst –, es waren die Zeiten, wo ich dich getragen habe."

Parabel aus Taizé

**Christus,
gestern und heute,
Anfang und Ende,
Alpha und Omega.**

**Sein ist die Zeit
und die Ewigkeit.**

**Sein ist die Macht
und die Herrlichkeit
in alle Ewigkeit.**

Amen.

Liturgie der Osternacht

Inhalt

CIP-Titelaufnahme der Deutschen Bibliothek

Aus der Tiefe rufe ich, Herr, zu dir.
Würzburg : Echter, 1989
   ISBN 3-429-01250-3
NE: Neysters, Peter [Hrsg.]

Redaktion: Peter Neysters
Lizenzausgabe für den Buchhandel

Imprimatur.
Essen, den 10. Mai 1989
Wolfgang Große, vic. ep.

© 1989, Echter Verlag Würzburg

Graphische Gestaltung:
Manfred Boiting, Essen
Bildnachweis: Detlef Bartsch, Oberhausen
Gesamtherstellung:
Vinzenz-Werkstätten GmbH, Würzburg
ISBN 3-429-01250-3

Wir danken für die Abdruckgenehmigungen aus folgenden Werken:

- „Filchner", aus: Kommet Kinder lauschet. Verlag Friedrich Pustet, Regensburg.
- Richter, u. a., aus: Zeichen der Hoffnung und Trauer. Verlag Herder, Freiburg, 5. Auflage 1989.
- Jakob J. Petuchowski, aus: „Es lehrten unsere Meister...". Geschichten aus den Quellen. Verlag Herder, Freiburg, 5. Auflage 1981.
- aus: „Im Abgas wächst Getreide". Heinrich Höpken, Oldenburg.
- Erich Fried, aus: Frankfurter Allgemeine Zeitung.
- aus: Gotteslob 12/1 und 26/2. Erzbischöfliches Ordinariat, Bamberg.
- aus: „Ein bißchen Leben will ich nicht". COPRINT, Wiesbaden.
- Einheitsübersetzung der Heiligen Schrift. © Katholische Bibelanstalt, Stuttgart 1980.
- Josef Dirnbeck/Martin Gutl, „Ich wollte schon immer mit dir reden". Meditationstexte, 4. Auflage 1986, Verlag Styria, Graz-Wien-Köln.
- Martin Buber, aus: „Die Erzählungen der Chassidim". Manesse Verlag GmbH, Zürich.
- Rainer Maria Rilke, aus: Werke in drei Bänden. © Insel Verlag Frankfurt am Main 1986. „Die Blätter fallen...".
- Kurt Marti „Wenn ich gestorben bin", aus: Kurt Marti LEICHENREDEN; 1969. © by Luchterhand Literaturverlag, Frankfurt am Main.
- aus: Gotteslob 26/1. Verlag Herder, Wien.
- aus: Rudolf Fischer-Wollpert/Josef Heckens/Anneliese Lissner/Georg Wüst, Gebet der Familie. Verlag Butzon & Bercker, Kevelaer.